ただ今コンビニ・パート中

by かこ KAKO

文芸社

はじめに

『ただ今コンビニ・パート中』～かこさんのコンビニ日記より～

もうすぐ丸四年になります。

そうです、私がコンビニでパートを始めてからです。

コンビニは日々躍進を続けています。

え？　こんな事もコンビニで出来るの？　と、私達店員でさえも驚くほど、多方面にわたって事業を拡げています。従って競争も激しく、どの店も生き残りをかけて日々闘っています。が、しかし……。

そんな事はお構いなしに、コンビニには実に老若男女を問わず、様々な人達が集まって来ます。お客さんウォッチングは楽しい。もちろん楽しいことばかりではありませんが……。

家政婦ならぬ「コンビニ店員は見た！」

インターネットの片隅で、毎日アレコレと書き綴って来た日記の中から、パート中のコンビニでの出来事ばかりを、今回一つにまとめてみました。

あなたはコンビニをどれくらい利用していますか？

そしてあなたはコンビニでは、どんなお客さんでしょうか？

無表情に見えても店員さんは、しっかりあなたを見ていますよ！

はじめに

中高生編

変身……10
万引き……11
両替……12
安全ピン……12
年齢確認……13
忘れ物……15
禁煙!?……16
肉まん……17
女子学生の共通点……18

男性客編

黙って立つ客……20
「うん」……21
立ち読み……22
「お弁当、温めますか?」……23
勝手な人々①……24
アル中……25
誇示……26
思い込み……27
おじいさんの正体……28
年の差……29
ポテト……30
正直な人……30
財布……32
お元気で何より……33
我慢する客……34
手袋……34

せっかちな客……35
いやな店員……36
質問……37
団体さんお断り?……38
袋に入れる? 入れない?……39
久し振りの客……40
コピー……41
一個ずつ……42
小銭……43
全開!……44
勝手な人々②……45
タイミング……46
タバコ①……47
証人……!?……49
聞き間違え!……51
疑う客……52
成人向け雑誌……53
気分の悪い客……54
タバコ②……55
魔人ブーと子泣きじじい……56
冬の名残……57
レシート……58
キャミソール……59
充電……60
大声……61
連想……62
名札……63
再会……64
お使い……66

女性客編

あつかましい人々……68
そそっかしい人……69
化粧室……70
繰り返し……71
お仲間……72
シナモンロール……73
男？　女？……74
コンビニのかご……75
イメージ……76
消えたおにぎり……77
とんでもない客……78
交換……79
コンビニに疎い人々……80
尋ね人……81

親子客編

子連れ……84
ムチより飴……85
売れ残り？……86
パンあれこれ……87
品質保持期限……88
タイマー……89
つま先で……90
ろうそく……91
母と子の会話……92

番外編

雨やどり……94
ぞろ目……95
ピンからキリまで……96

携帯……97
濡れたお札……99
有害図書……100
新旧交代……101
使っていいの？……102
お見舞い……103

バックルーム編

ホットドッグ……106
コンビニの千円弁当……107
道案内……108
両替……109
バイトの鑑《かがみ》……110
バツの悪い日……111
ゾンビ……112

優しい母親……113
レジスター……114
昼寝……115
タオルの大きさ……116
年賀ハガキ……117
嬉しい特典……118
昼食……119
物騒な世の中……121
どっちもどっち……122

あとがき

中高生編

変身　○月×日

ファッション雑誌を見ながら女子中学生が二人で楽しそうに喋っていた。
まだまだ可愛いものだと思ってみていたら、突然外で自転車が倒れた音が……。
パッと見ると、中学生の男の子達が通り過ぎようとしていた。
故意か偶然か……？
するとすかさず女の子の一人が外へ飛び出して行って、
「てっめ――!!　何すんねん、ボケ――ッ!!」
おぉぉ……。
さっきまで可愛いと思っていたが、とんでもなかった。
あの言葉遣い、何とかならないの？

万引き　○月×日

文具売り場の前を通ったらボールペンの袋だけで中身がないのが一つ。

盗《と》られた!?

どうせ盗るなら袋ごと盗れ……と言うのもオカシイが、空のままぶら下がっているビニール袋が何とも哀れだ……。一種の哀愁さえ感じる。

それにしても腹が立つ。

「万引きは犯罪です」と大きく貼り紙をしている店があるが、よほど被害にあっているのだろう。実に悔しい話だ。

先週も、女子中学生五、六人が化粧品売り場の前にたむろしていた。

たまたま横を通ったら、全員が驚いた顔でいっせいに私を見た!

ドッキーーーン!!

もしや、これから……イヤ、それとも後か?

何ゆえ私がドキドキしてしまうのか?

しかし……、あぁ〜怖かった。小心者のオバサンを苦しめないで……。

両替　○月×日

中学生の男の子二人がレジへ持って来たのはガム一つ。

五千円札を出して買って行った。

たまたまそのすぐ後で私が店の外へ出ると、さっきの二人がタバコの自販機の前で今にも買おうとしている！

そうか、あのガムは五千円札を両替したかったからか……。

いやだなぁもう……。

パッと目をそらして、急いで店の中へ戻った私。

見なかったことにしよう～。

安全ピン（今日は辛口で……）　○月×日

朝九時半頃。

中学生が店へ入って来てすぐ、

「ピアスある!?」

当然、授業中の時間だ。

……何がピアスだ、学校へ行け！

と思いながらも、ないと答えると、今度は安全ピンがあるかと尋ねる。

売ってやると店内の鏡の前で耳につけて出て行った。

まったく……先生は知らないんだろうか？

こんな風に授業中フラフラと出歩いて来る子は他にも数人いる。

こうなったら、安全ピンより、首輪でもつけて教室につないで置いたらどうだろうか……？

年齢確認　○月×日

制服姿の女子高生が缶チューハイをレジへ持って来た。この子、何を考えているの？

「二十歳未満の人には売れませんよ」

「え、あの、お使いです」

しらじらしい。

「お使いもダメです」

お使いで買いに来た、という時のため、保護者向けの「お断りの文書」を店では用意してある。

以前から、お酒やタバコを販売する時に二十歳以上かどうかが怪しい人には、口頭で尋ねることもあったが、最近では年齢を証明するものの提示を求め、また証明するものがない時は販売しないようにと、厳しく言われるようになった。

正直な話、今までは先方が二十歳以上だと言えば、嘘だぁ〜と思う相手にも売って来た。しかし、今はレジの後ろの壁に、年齢確認ポスターまで貼ってある。こうなると確認しない訳にはいかない。

だいたい、二十歳未満で堂々とレジへ買いに来る子に、おとなしい子なんている訳ない、でしょ？　今日みたいに制服だと分かりやすくていいけど。

気が重いなぁ……。

忘れ物　○月×日

コピーを取った後、原本を忘れて帰る人が結構いる。

今日も中学生くらいの女の子が、

「あの……二、三日前に音楽の本を忘れてなかったでしょうか？　大きい本ですけど……」

声が震えている。私がないと言ったら、泣き出すんじゃないかと思うほどだ。

「ちょっと待って下さいね」

と、コピー専用の忘れ物ケースを見ると、あるある！

「これかな？　はい、どうぞ」

と渡すと、満面に笑みを浮かべて喜んで帰って行った。

しかし～、Ａ４サイズでかなり分厚いあんな本を、よくも忘れて帰ったものだ。

帰りはさぞかし軽かった事だろう……。

禁煙!?　〇月×日

店の外へ目をやると、制服を着た中学生の男の子が、〝くわえタバコ〟で立っている。えぇ～!?　あれってやっぱりタバコだよなぁ……。

入って来るなーっという私の願いも虚しく、あっという間に店の中へ……。

先輩に、あの制服の子がタバコをくわえてるよと話していたら、おにぎりを持ってレジへ近付いて来た。

うわぁ、来た来た……!

ところが……。

そばでよく見ると、くわえているのは禁煙パイポ!?

なんだそれ～!?

その年でもう禁煙してるの?

それとも周りを驚かせて楽しんでるの?

どっちにせよ、紛らわしい事はやめてくれ～。

肉まん　○月×日

おそろしく体格のいい高校生ぐらいの男の子が店へやって来た。

肉まんのケースの前でしばらく考え込んでいる様子。きっと、どれとどれにするか、何個買うかで悩んでいるものと思っていたら、

「肉まん一つ下さい」と言う。

えっ!?　一つでいいの?!　と、思わず声に出そうになった。

一つだけ買って店を出て行ったが、あんなにデカイ身体で肉まん一つじゃ絶対足りないというか、食べても身体のどこに入ったのか分からないだろうに……。

お金が足りなかったのか?

あの悩んだ時間に、心の中でどんな葛藤があったんだろうか……。ちょっと聞いてみたいものだ。

女子学生の共通点　○月×日

女子中高生の買い物の仕方の特徴について。

友達同士でやって来た時は、必ずと言えるほど、全員が選び終わるまでレジへは来ない。何を買うか決まった人からレジへ来れば、混まずに早く済むとは考えないご様子。

また一度決めても、友達が選んだものに影響されて変更したり……。で結局、全員が似たようなものに決まる事が多い。そして「○○円です」とこっちが言うのを聞いてから、おもむろにリュックなどを下ろして財布を出す呑気な子が、グループの中に一人はいる。この点、普段から授業を抜け出して店へ来る子の方が、さすがに買い慣れているだけあり、支払い方がスムーズでよろしい。

それからこれは、男女に限らずよく見かける光景だが、「一円足りないから貸して！」などと気軽に友達に声をかける。結局その貸してあげた友達が、今度は自分の時に一円足りない～なんて事もしょっちゅう。えっと……、特徴は他にもあったはずだけど、また思い出した時に……。

男性客編

黙って立つ客　○月×日

ふと見ると、レジの前に無言で立つ男性。

他の仕事をしていると、レジの前に人が立っていてもすぐに気づかない時がある。

あわてて走って行くのだが、いつも思うのは……ナンデ黙っているの!?

こちらが気づくまで、ボーッと立っている人が若い男性に多い。

首だけでもキョロキョロ動かしていたらまだいい方だ。

いつから立ってたの?

口があるでしょ!

すぐに気づかないこちらも悪いのだけど、一度、声を出すまで知らん顔してみようかナー。

「うん」　○月×日

スーツを着たサラリーマンがお弁当を買いに来て、

「お弁当、温めますか？」と聞くと、

「うん」

「おはしをお付けしますか？」

「うん」

いい加減にしろーっ！　お前は子供か～っ!?

と、思わず一喝してやりたくなるような、こういった男性が案外いるのである。

情けない。

ちゃんと仕事が出来ているのか心配してあげるよ、まったく……。

立ち読み　○月×日

今日、一時間半？　ん？　二時間？　ほど立ち読みした客がいた。

二十歳前後の男の子だが、さすがに長時間で疲れるのか、見るたびに姿勢が変わっている。しゃがみ込んでいたり壁にもたれていたり……。

何だかナァ～。

そんなにマンガが好きなら買えばいいのに。

「長時間の立ち読みはお断りしています」と言った店員もいるのだが、私はちょっと言えないし……。

だから今、ここでひとこと言わせてもらうけど……、

「立ち読みしている最中に、声を出して笑うなーっ!!」

「お弁当、温めますか？」　○月×日

「はい。全部お願いします」

やっぱりか……。

全部で十三個！　一瞬、ゲ〜ッ！　と感じたのが顔に出ていない事を祈る。

昨日に続けて買いに来てくれたこの男性。何かの集まりでもあるのだろうか……。

ただでさえ混雑するお昼時。

カゴ二つにいっぱいのお弁当を見るとゾッとする。電子レンジ二台が占領され、他のお客さんのお弁当が順番待ちする間に、どれが誰のだか分からなくなる時がある。

買って頂けるのは嬉しいが、これが例えば「ざるそば」や「お寿司」なら温めなくて済むのに。

さて、明日もやって来るのでしょうか？

勝手な人々① ○月×日

お弁当をレジへ持って来た男性に、

「おはしをお付けしますか？」と聞くと、

「要らん！　家で食べるのに」と言う。

アンタがどこで食べるかなんて、こっちが知る訳ないだろう。

家で食べるから要らない、とか他に言い方がありそうなものだ。


フライドポテトをほしいと言われたが、ちょうど売り切れたばかり。五分ほど待ってくれと言って揚げていたら、スーッと外へ出て行って車の中で待つカップル。

いっこうに戻って来る気配がない。

出来上がったら持って来てくれるとでも思っているのか!?

ウチはドライブスルーじゃないっ！


店内でドリンク剤を飲んで、カウンターに空瓶を置いて行く人。

ポット置き場の前に、カップラーメンを作ったあとの袋などをそのままにして行く人……。

ゴミ箱は外にあるんだから、自分で捨ててほしい。

イエローカードでも配りたいもんだ。

アル中　○月×日

アル中の人が店へ入って来ると、プンプンするお酒の臭いと独特の雰囲気ですぐ分かる。目がうつろだったり、肌がボロボロだったり、顔色が悪かったり……。

必ずまたお酒を買って行くのだが、この時のお金の受け渡しが困る。

手が微妙にブルブル震えているものだから、財布からお金を取り出すのに時間がかかるし、小銭をばら撒いてしまうことがある。

それに、お釣りを渡そうとするこっちの手まで、つい動きに合わせて震えてしまう!?

まったく……、少しはジッとしててよっ。

誇示　○月×日

何でも見せびらかしたい人がいるものだ。

六十歳ぐらいの男性のお客さんが、いつも札入れの中にドッサリ札を入れている。五、六十万円はかたいだろう。

何百円の買い物でも、わざわざ札入れを広げて、これ見よがしに私達に見せながら千円札を抜き出す。

ケッ！　感じ悪いったらない。

これがパリッとスーツでも着た紳士なら、どこかの実業家かと想像も膨らむが、どう見てもその辺にころがってそうなオッサンである。服装もヤボったい。良くて、町工場の社長さんあたりか……。

まあ、仕事は何でもイイけど、見せびらかすのに気を取られ、自分がどんなに軽蔑の目で見られているか、いい加減に気づかなきゃねェ……。

思い込み　○月×日

二十歳前後の男の子が千百三十円の買い物をして、私が「千百三十円です」と言うのを聞き、レジで「1,130」と数字が出ているのを自分の目で見ながらも、千円札一枚しか出さない。

何か他の事でも考えているのか、ただボーッとしているのか……。

とにかくこれで足りると思い込んでいるようで、私が「千百三十円ですが……」と言っても、

「これで……」と言うので、「足りません！」と思わず少し大きな声を出したら、あわててもう百円出す。

後ろにはお客さんが沢山並んでいるというのに……、なんてニブイ奴！……まだ足らんやろ！　と少々イラつきながら、「まだ……」と言いかけたらやっと気がついて、もう三十円出した。

疲れるなぁ……。

おじいさんの正体　○月×日

ひょっこり店へ入って来たおじいさん。

いつもコピーを取りに来るたびに呼びつけられる。

でも一応、丁寧にお礼は言ってくれるんで、こちらも丁寧にお相手をしている。

それに……、
私は知っているのだ！　このじいさんの実態を！

おとなしそうに見えて、実はめちゃくちゃウルサイじじいさんなのである。

一年ほど前、娘が風邪で病院へ行った時お薬を待っていたら、窓口で薬剤師さんに大声で「遅い！」だの「マヌケ！」だのボロクソに怒鳴り散らしているじいさんがいた。ん？　よーく見ると、
ぎゃ、あのコピーのじいさんだ!!

おぉ、こわ……。人は見かけによらぬものだ……。

それ以来、特に優しく丁寧に接するようになったのは言うまでもない。

えこひいき？　いいえ、自分が可愛いだけ……。

年の差　十二月×日

電話代を払いに来た若い男の子。
私がバーコードをスキャンして収納印を用意していたら、
「ちょっと待って下さいっ!!」とものすごく大きな声。
あ～びっくりした。
「お金を忘れたんで取って来ます……」
いったん取り消して帰って行った。
五分ほどして戻って来たら息を切らしている。
他に用があるのかもしれないが、そんなに急がなくても～っと思ってしまう。
先日、年賀状印刷を受け取りに来たおじいさんは、受取証を忘れて、
「近所やから、またすぐ貰いに来るわ」
と言って一週間もかかった。
体力の違いか?
若い人は素直でヨロシイ。

ポテト　○月×日

ポテトが二つ売れ残っていた。

もうそろそろ廃棄の時間だし、少し硬そうだから下げてしまおう……。と、思っていたら男の人が、

「ポテト二つ下さい」

見れば若くてかなり大柄な男性。

良かった、この人ならこのポテトでも大丈夫……？

正直な人　○月×日

新人のバイトの子がレジをしていた。

二十代の男性がお釣りを受け取り、一度帰りかけてまた戻って来た。

「確か五百六円渡したはずなんですが……」

えっ？　足りないの？

「レシートを見ると五百十一円払ったことになってるけど……」

はっ?!

バイトの子を見たら不思議そうな顔をしている。

「絶対五百六円払ったと思うんです。ボクいくら返したらいいですか?」

「え、あ、そうですか。それじゃ五円頂いてよろしいですか」

イヤァ〜感心だなぁ。損してると思ったら目くじら立てて訴える人でも、得をした時は〝頂いておきましょう〟という人がほとんどだと思ってた。

その人が帰った後、

「でも五百十一円だったと思うんですけど……」と、バイトの子も言い張る。

どっちが正しいか分からないけど、いいじゃないの〝頂いておきましょう〟

財布　○月×日

支払いを待つ間、どうしてもお客さんの財布に目がいってしまう。

たまに来る男性でかわいいウサギの絵が入った財布を使っている人がいる。

色は紺だが、どうみても女性用だ。

何か想い入れがあるのかも知れないが、ちょっとどうかと思ってしまう。

今日、三十代の男性が小銭入れを開けたら、中にクリーニング屋の控がいくつも入っていた。

もちろん私は決して覗き込んだりはしないが、目に入って来るから仕方がない。

私が出している店と同じだからよく分かる。この人、自分でクリーニングに出してるの？　独身かぁ？

三十代ももう後半だろうに……。お気の毒。

お元気で何より　○月×日

アル中のおじさんは生きていた！

毎日のようにウチの店へお酒やビールを買いに来てた顔色の悪いおじさんが、パッタリ買いに来なくなってもう二ヶ月以上……。

ひょっとして、いやぁおそらく、もう既に……お気の毒に、と店員同士で決めてかかっていたら、なんと今日の昼、ひっさびさにやって来た！

一瞬「あぁっ!?」とあまりにも私が正直にビックリした顔をしてしまったんで、向こうも「えっ!?」と少し驚いた様子だった。

まさか自分が死んだ事にされていたとは夢にも思ってないだろうが、こっちにすれば死人が生き返ったような……。

それに今日買ったのはお菓子と牛乳。やっぱり身体を悪くして入院してたに違いない……。

まぁとにかく、ご無事で何よりでした。

我慢する客　○月×日

レジで商品を精算中のスーツを着た若い男性が、トイレを貸してほしいと言った。

お釣りが高額で、しかも数えている最中だったので、もう少し待ってお釣りを受け取ってからにしてくれと言うと、なんとその男性が急に、片足を浮かしたり、降ろしたりし始めた。

そう、それって子供がトイレを我慢しながら遊んでいる時などによくやる仕草……。

やめてよ〜!　いい年をしてー!

勘定が済み、トイレへ急ぐ姿を見て、吹き出してしまった。

これからは、買い物を始める前にトイレへ行くようにね。

手袋　一月×日

若い男性がお金を支払う前に、手袋を片方だけ脱いで、ポケットから小銭を山ほど出した。

そうそう、その方が払い易いよね〜と思って見ていると、手袋を脱いだ素手の方にお金をのせて、はめている方の手で小銭を幾つも摑み取っている。

えーっ、何してるの？　逆でしょ、フツウは……。しかも取りにくそうだし……。

もう少し頭を使ってごらん。

せっかちな客　○月×日

せっかちな人がいる。

「おでんの厚あげと大根と玉子とちくわと、それからたばこのパーラメントライトのロング」一気にまくしたてる。

最初におでんの厚あげ……と言ったのまでは覚えているのだが、そのあと頭に残っているのはパーラメントライトのロング……。あいだがフッ飛んでしまう！

もっとゆっくり言ってくれるか、おでんを入れ終わってから、たばこと言ってくれるとありがたい。それとも早く言わないと自分が忘れてしまうのか？

逆に悩みながら言う人には、サッサと言ってほしいと思うのだが……。

いやな店員　○月×日

二十代の男性が、立ち読みしたり店内をうろつきながら携帯で電話をしたりメールを送ったり、また立ち読みしたり……。

店へ入って来てかなり長時間ずっとそれをくり返している。

どうにも目障りな客。

よし！　ここはひとつ、追い出し作戦！

幸い、暇な時間だったので棚の商品を点検するふりをして、すぐそばに立ち、付きまとってやった。

そのうち、いたたまれずに？　アイスクリームを一つ買って出て行った。

作戦成功！

しかし……、なんていやな店員だろう～？

質問　○月×日

たまに来る年輩の男性が、お弁当や雑誌他をカウンターへ持って来たので、温めたり袋に詰めたりしていると、

「△＊▲▽……見かける……×○■……自転車で……★◎……」

何やらニコニコしながら小さい声でボソボソしゃべっている。

意味が分からないまま適当に愛想笑いをしていたら、

「……で、あっち？　こっち？」と、突然質問された！

「!?」「……あっちです」

「あっち？　……そうか、こっちでよく見かけた気がしたけど……」

せ、せーふ？

どうも私が自転車で走っているのを何度か見かけたらしくて、家はどの辺かと尋ねていたようだった。

危なかった、適当に答えたが。

しかしどうせなら、もっと若い人に聞いてもらいたかったナ。

団体さんお断り？　○月×日

車のドアがバタバタと閉まる音が聞こえたかと思ったら、刺青《いれずみ》のお兄さんや、一癖も二癖もありそうなおじさん達が十人ほど団体でドカドカと店へ入って来た。

思わず後ずさりして、レジから離れたくなった。

幸い外見とは裏腹におとなしく？　しかも沢山買い物をして出て行ってくれたから良かったが……。

その前にも一人、イカツイ男性が買い物に来たので少しビビッていたら、連れの人の話に非常に優しい笑顔で応えていたのには驚かされた。

しかし、今日はどこかで強面《こわもて》の皆さんの集まりでもあったのだろうか～？

袋に入れる？　入れない？

○月×日

五百ミリリットルのペットボトルをレジへ持って来て、低い声でひと言つぶやいた男性。

はっきり聞こえなかったので「はっ？」と聞き返すと、

「袋、要らん！」と怒ったように言う。

「当たり前じゃ！　最初から袋に入れるつもりはない、シールだけだ！」と言い返してやりたかった。

商品を袋に入れ終わってから袋は要らない、と言う人も多い。

今アナタの目の前で入れてたんだよ。見てたんでしょ？

どうせ言うなら最初に言ってよ。

資源の節約はイイけど、こっちの労力のムダはどうしてくれるの!?

久し振りの客　○月×日

パッとドアが開いたので「いらっしゃいませ」と振り返ったら、近くの会社に勤めるウイダーインゼリーが大好きな気さくな青年だ。

……そういえば最近この人見なかったなぁ～。

レジへ来た時に尋ねたら二ヶ月ほど入院してたらしい。

「淋しかったやろ？」と言うから、

「ええ、そうですね～」今、顔を見て初めてアンタを思い出したよ。

「どこが悪かったんですか？」

「心臓」

「えー、もういいんですか？」

「もういいらしい……」

しかし気のせいか顔色がサエないような……。まぁ元々ダルーイ雰囲気だったが。

「お大事に」

この次、もしまたしばらく来なければ、その時は再入院を心配してあげましょう。

コピー　○月×日

コピーを取りに来たおじいさん、

「ちょっと教えてほしいんですが……」と入って来てすぐに声をかけてくる。

「コピーを取りたいんですが、分かりませんので……」

何を言う。つい先日教えたばっかりだ、それも私が。

手が空いている時ならいくらでも説明するが、ハイハイと聞いていても頭から覚える気がないのは、よく分かる。何度も取りに来るのなら少しは本気で覚えようとしたらどうだろう……。覚える気になれば、いたって簡単なものなのに。

それからもう一人。同じくコピーを取りに来た人に、

「原稿は裏向けて置いたらいいんですか？」と聞かれたが、この質問は逆に新鮮だった。

しかし非常に初歩的な事を尋ねたわりに、一人でコピーを取って帰って行った。

取ってもらって当たり前という人が多い中で優秀だった。

感心、感心。

一個ずつ　○月×日

小学生の男の子が恥ずかしそうに一個十円のお菓子を五個レジへ持って来て、

「あの……、一個ずつ買ってもいいですか？」

と聞く。十円のお菓子一個には消費税がつかない。

以前、おじさんが缶コーヒーを一本ずつ買うと言った時は、こいつケチな奴だと思ったものだったが、子どもは別。

「いいですよ～」

どうやら五十円玉一個しかポケットになかったようだ。四個じゃ我慢できないんだろう。

しかし消費税の事がきちんと分かっているだけエライもんだ。しょっちゅう、ウチの店へ出入りしている小学生達もしっかり計算が出来ている。ウチの子もたまには自分でお菓子でも買いに行かさなきゃなァ～。

小銭　○月×日

「小銭が沢山あるから使っていい？」

と聞くお客さんがいる。

構わないが、たまにメチャクチャ時間のかかる人がいる。

どっちかというと、財布の中から、かき集めるのを待たされるより、自分でカウンター上に広げてくれる方が、こっちも一緒に数える事が出来て手っ取り早い。

思いっきり沢山広げても、あと一円足りないといつまでも残念がる人。

何度見てもないものはないんだから……。

逆にあるのに「ないなぁ……」うそー!?「ありますよ、これとこれとで……」と手が掛かる人。

パパッと見て「ないわ」とすぐ札を出すせっかちな人もいる。

六百九円とかで、九円はなくても十円玉があるのに諦めて千円札だけ出す人には、「十円はヨロシイですか?」と聞いてやる。そう聞かれて出す人、出さない人。お金の払い方には性格が表れて面白い。

全開！　○月×日

コーヒーを買いに来てトイレを貸してくれと言ったおじさん。フト見るとズボンのチャックが全開。おまけに、その開いたチャックの中からシャツが少しはみ出して、だらしないったらない。

トイレから出て来ると、わざわざ私の前まで来てベルトを締めながら、「お腹が痛かったんや……」と。

でもやっぱりチャックは全開で、相変わらずシャツがはみ出している。

まったく困ったもんだ、おじさんは。

ちょっとは気にしたらどう？　って、私が気にしすぎか？

勝手な人々②　○月×日

ウチの店のドアは自動じゃない。

でもたまに勘違いして外でドアが開くのを待っている人がいて、これはちょっと笑える。

それに比べ、ドアを開け放して出て行く人にはいい加減頭に来る。

これが結構多いのだ。

呼びとめて「あ、ちょっとアナタ！　ドアは閉めて下さいよ！」と一度は言ってみたいものだ。


風邪が流行っている時期など、こちらの顔の真ん前で咳をする人がいる。手を添えるか横を向くかしてくれるのが常識だろう。

こっちはあまり露骨に顔を背ける訳にもいかないし、かといって風邪の菌も頂きたくはない。息を止めるにも限度がある。

まだ「おなら」でもされる方がずっと？　ましかも……。

タイミング　○月×日

サラリーマンの列の中に混じって、人の良さそうなおじいさんが二人、お饅頭や羊かんを持って並んでいる。今は忙しいお昼時だ。

おっと……。こういう時のお年寄りはどうも苦手だ。

ニコニコと何かしら話しかけられ、支払いに時間のかかる時がある。しかも支払う金額に端数が「一円」とかあればもう大変!?

最初から千円札だけ出して、ジッとしているので、「千円」とレジに打ち込んだら、ワンテンポ遅れて、

「え？　いくら？　一円？　ちょっと待ってや。あるはずやから……」

と、それから小銭を探す事がある。

後から小銭を出すのは、若い人でもあるのだが、やはり平均してお年寄りに多い。暇な時ならゆっくりお付き合いするが、後ろにはズラッと人が並んでいる。

うわぁ……、お手上げだ。

こんな時は、「お急ぎの方は隣のレジへどうぞ」と言ってあげたいものだ。

タバコ①　○月×日

いつも「マイルドセブンＦＫ」を買って行くおじいさんがいる。

このおじいさん、以前「ＦＫ」のことを「ＦＭ」と言って笑わせてくれた事がある。それ以来、私の中ではＦＭのおじいさんだったが、前回はスーパーライト系の軽いタバコを買って帰った。それが今日、またＦＭ、いやＦＫに戻った。

やはり軽いタバコでは物足りないのだろうか？　つい、「ＦＫでよろしいんですか？」と念を押してしまった。身体に悪いよ……。

タバコを買いに来るお客で、タバコの名前を言わない人もいる。

レジの後ろにケースが並んでいるが、

「上から二段目の右から四つ目」とか言う。

ケースは三つある。はっきり名前で言ってほしい。

いつかピースミディアム（紺色のパッケージ）のことを「緑のタバコ」と言った人がいた。

「緑!?」

「その真ん中の」

「これですか？」

「そうや、それ。分かるやろぉ!?」と怒ったように言うから、

「緑とおっしゃったんで」と言ってやったら、

「緑と違うんか、ほんなら何色や？」と聞く。

「紺です！」ときっぱり。

「そうか紺色か……」と言いながら出て行った。

フェイントをかける？　人もいる。「キャスターマイルド」と言うからサッと取ったら「の、三ミリ」と付け足す。何だスーパーマイルドか、続けて言ってくれ！

メンソール系のタバコを買いに来る人で、いつまでたっても「メントール」と言う人がいる。英語で書くとＭＥＮＴＨＯＬ、間違うのも無理もないが一度誰か教えてやってほしいものだ。私が言うとイヤミだろうし……。

証人……!?　○月×日

昼。

レジを二つ開けてフル回転の一番忙しい時間。その忙しい時間に、しかめっ面のおじいさんが並んでいる。

しかも私のレジの方に……。

手には通帳……。

えっ!?　通帳?!　なんで?

どうも嫌な予感……。

案の定おじいさんの番が来たら、サッと通帳を出して、「ここで電話代を払ったのに、銀行でも引き落としになってる!　二重払いや!　どういうことや!?」と来た。

確かにおじいさんが持って来た振込受領証には、ウチの店の受領印が押してあるし、通帳でも引き落としになっている。

「誰が見ても分かるやろ。アホでも分かるやろ」むっ!　気分わるぅ〜!

しかし、ウチで払った日付の方が先だし、これは電話会社の手続き上のミスだろう。

先に電話会社へ問い合わせて、と説明すると、

「わしもそう思う」と言う。

だったら最初からそうしてよ!

「あんた証人になってや」

何が証人だ。

アホでも分かるとか言っておきながら、実は自信がなかったのか!?

確かにおかしいから、とにかくまず電話して聞いてみて、と追い返すと、三十分程してまたやって来て、

「さっきは悪かったなぁ、向こうのミスや。証人になってもろて良かったわ。お金返してくれる事になったから」と言って帰って行った。

おそらく電話会社の人に、コンビニの人が証人や〜とか言ったんだろう。まったく人騒がせなじいさんだ。どうせ来るならもっと暇な時間にしてほしい。もちろんもう二度と来てほしくないけど。

聞き間違え！　○月×日

千八百六十五円です、と言ったのにお客さんが出したのは、千六百六十五円。

「千八百六十五円なんですが……」

「え？　千六百六十五円て言わなかった？」

この客、時々やって来るが、いつもひと言多いイヤミな男性だ。

「言い間違えたの？」

し、失礼なー！　そっちが聞き間違えたんだろう！

「いえ、ちゃんと言いました」

こっちがそう言うと、とりあえず黙って帰ったが、横にいた先輩に、

「今の会話を聞いてドキドキしたわ〜」

と言われた。そりゃそうでしょ、言った私もドキッとしたから……。

それにしても感じが悪いったらない。聞き取りにくかったとか言うならまだしも、言い間違えたの？　はないだろう。もう顔も見たくない気分だが、またやって来るんだよなぁ……、あ〜あ。

疑う客　○月×日

一万円札を受け取って、お釣りを九千いくらお客さんに返す場合。

手元で二度数えて、さらにお客さんの前でもう一度数えて渡す。その時一緒に覗き込んで一生懸命見ながらも、受け取るなり数えなおす男性が常連の中にいる。

神経質というか細かいというか……。

その目付きがまたイヤらしい。

こっちはマジシャンじゃないんだから、目の前で数えた中から抜き取るなんて芸当をする訳もなし……。

残りの端数の小銭を持ったまま、こっちはいつも待たされる。

そんなに信用できないなら先に銀行で両替でもして来たらどう？

もちろん、両替機で。

成人向け雑誌　○月×日

たまに来ては、成人向けマンガ雑誌を三、四冊買って行く六十歳前後の男性がいる。

イヤらしい。

あれだけ年を取っても読みたいんだ……。

こっちがそういう目つきで見るからか、いかにも好色そうに見える。

いい加減、卒業したら？

雑誌をレジへ持って来た時に、裏向けて置く人もいる。

バーコードが裏に付いているのでスキャンしやすいため？　普通の雑誌だとそう思うトコロだが、この手の雑誌の時は、やはり照れがあるんだろうと思ってしまう。

でもそういう時は、スキャンした後で、ワザとオモテを向けて置いてやる。もちろん相手にもよるが……、へ～、こんな本を買うんだ～って感じで。

意地悪なおばさんだね。

気分の悪い客　○月×日

今朝、フィルム四本パックのバーコードをスキャンすると、九百八十円＋税。

すると、それを持って来た男性が、売り場のプライスカードには八百八十円と書いてあると言う。

レジの方が正しいのでプライスカードが間違っているようだと謝ったのに、八百八十円で売れと言う。ゴチャゴチャくどくど、イヤミやら文句を並べ、挙句の果ては、本店の電話番号を教えろとか言い始めた……！

結局、本部の人に確認して百円値引きして売ったが、値引きすると言うと、ホイホイ顔で買って帰った。

くっそ――っ!!

なんだ、たかが百円くらい！

思い出したら頭に来る。

意地でも、まけてやりたくないタイプの客だった。

タバコ②　○月×日

店のドアが開いて顔を見るなり、タバコの銘柄が浮かぶ男性が数人いる。先方もこっちが覚えているのを知っていて「タバコちょうだい」としか言わない。常連さんのは、なるべく覚えようとはするのだが、こっちも人間だからすぐに覚えられる時とそうでない時がある。

いつまでたっても「えーっと……」とこっちが迷っているので、怒ったように銘柄を言う人、クイズのように「何でしょう?」と思い出すのを待つ人など様々。

ある男性の銘柄を覚えたての頃、「タバコ……」と言われる前に……ほら、覚えてるでしょと言わんばかりにタバコを取ったら、

「今日は要らない」と言われ、先走った自分が恥ずかしくなった事もある。

常連の中に、これは自分の好きなタバコに相当惚れこんでいるゾと思える人がいる。

先日、珍しく小学生くらいの息子を連れてやって来たのだが、名前を呼ぶのを聞いて、ビックリ！　呼ばれた男の子の名前がケント君だったから……。

魔人ブーと子泣きじじい　○月×日

前々から誰かに似ていると思っていた。

たびたびタバコ「赤ラーク」を買いに来る年齢不詳の男性。

それがやっと今日、誰に似ているのか分かった。〝子泣きじじい〟だ！

うん、そっくり。

先輩に話したら「子泣きじじいって誰？」

うそ!?

私達の年代で子泣きじじいを知らない人もいるんだ……。

それじゃあ、魔人ブーなんて絶対知らないだろう。

もう一人、ウチの常連の中年男性が、『ドラゴンボール』に出て来た魔人ブーにうりニつ。

「魔人ブー？　知らないけど名前からして似てそうな雰囲気」と先輩。

妖怪や魔人が出入りするコンビニ。

想像してみて！

冬の名残　二月×日

今日は気温が高く、春の訪れも近いと感じさせる暖かい一日だった。

それなのに、分厚い手袋を買って行った男性がいて、今頃から買うのか……なんて考えていたら、続いてカゴを持って来たオジサンのカゴの底にまた手袋が見えている。

他の商品に続いてスキャンしようと取り上げたら、「これは私のです!!」と慌てて私の手からもぎ取った。

先に売ったのとあまりにもそっくりだったので、てっきりウチの店の商品だと思ったが……。

しかし、そんなに慌てるんだったら初めからカゴに入れないでよ。

感じわる〜。

レシート　○月×日

いつも昼食を買いに来る若い男性で、絶対におはしを受け取らない人がいる。

バタバタと忙しい時などに、つい癖でうっかり入れてしまうと、すかさず、

「おはし要りません」

こっちが入れてしまうところを見逃がして、ドアのところまで帰りかけた時でも、気がつけばわざわざ返しに来る。くぅぅ……、何もそこまでしなくても〜。悔しいから極力こっちも気をつけようとするし、お互いに意味もなく張り合っている？

この男性、レシートは必ず持ち帰る。かなり、頑固だ。

レシートは一度受け取ってもレジ横のレシート入れの小箱へ捨てていく人がほとんどだ。店側としてはレシートを渡すのが基本なのだが、いつも要らないと言う人とは暗黙の了解というか、最初から渡さない。

たまに、わざわざレシートを貰うのを待って、レシート入れに捨てる、ご丁寧な人もいる。

そうかと思うと本当にレシートを要求する人もいるのだが、これが女性だと何と

も思わないが、男性だと細かい奴だと思ってしまう。領収証として会社などへ提出するなら話は別だが、個人で家へ持ち帰ってどうするのだろう。奥さんに渡す？自分で家計簿でもつけてる？

ぜひ、一度聞いてみたいものだ。

キャミソール　　三月二十二日

今日、二十代の男性が女性用の（当たり前か……）花柄キャミソールを買って行った。値段は千三百円。

だいたい……、店員が言うのも何だが、コンビニで下着を買うなんてロクな事はない？

たまにカップルがビールにおつまみ、トラベルセットそして下着、といかにも今からお泊まりね、という買い物をして行く時もあるが、今回は若い男性が一人で女性用の下着!?　ホワイトデーもとっくに過ぎたし、どうも怪しい。

あまり顔をジロジロ見る訳にもいかず、後姿を穴があくほど見てしまった。

充電　○月×日

携帯電話と家庭用の充電器を持って、店内をウロチョロと挙動不審の男性。

「何かお探しですか？」と尋ねると、

「どっかコンセント空いたとこないか？」

「えっ!?」ま、まさか……。

「それは、ちょっと」困ります、と言おうとするのをさえぎって、

「無理か？」

「はい」分かってくれた？

「ないか……（残念な様子で）、どっか空いてそうに思うのになぁ～」

違うってば！　コンセントの問題じゃないだろう。

もしどこか空いたコンセントがあれば、知らない間に勝手に充電してたんだろうか？

まったく油断も隙もない。

常識のない人にはホトホト困ったものだ。

大声　○月×日

突然だが、私は声の大きな人は嫌いだ。たまに、店へ入って来るなり居丈高に、アレをくれコレをくれという男性がいる。その大声を聞いただけでウンザリする。

今日もいきなり「宅急便を入れる袋ちょうだい」とデカイ声の初老の男性。

そんな袋は店では用意してないと答えると、

「何か手提げ袋あるやろ、あコレコレ、どれが一番安いんや？　え？　これ買うわ。紙は、紙？　送り先を書く紙や！」

次から次へとまくし立てる。袋に詰めて、伝票も書き終わったら今度は、

「ガムテープ貸して！　いつ届くんや!?　（送料は）いくらや？」

声だけじゃなく態度までデカイ。

お客様は神様、なんて思ってるパートの人間はまずいないんだからね。

とにかく出て行ってくれたあとはホッとした。あーうるさかった。

本当にこういうタイプの客は来てほしくないヨ。

連想　〇月×日

以前から、時々フラッと店へ顔を出していた近所の中華料理屋のお兄さんが、今日でもう四日続けてご来店。

毎日顔を合わすうち、餃子が食べたくなって来るから不思議だ。

これも一種のサブリミナル効果？

カラオケ屋のお姉さんが来た時も……、そうだ、たまにはカラオケへ行きたいなぁなんて思ってしまう。

携帯電話屋のお兄さんもほとんど毎日顔を出すが、さすがに携帯を替えたいとは思わないが……。

でもそうなると、店以外の場所で、私と出会った常連さん達は何を連想するのだろうか？

ただコンビニの名前が浮かぶだけか……。

ま、そんなことはさておき、明日は餃子を買いに行こう。

名札　○月×日

店員は皆、写真入りの名札を胸に付けている。この写真が実に恥ずかしい。免許証の写真もヒドイものだが、改まった写真を撮る時、私はいつも妙に力んでしまって情けないほど写りが悪い。

だから胸にはスナップ写真の切り抜きを貼ってあるのだが、これとて、たまたま大きさが良かっただけで気に入って選んだ訳ではない。

今日来た男性が、どうもその名札の写真を見て笑っている様子!? 応対しながらも、その視線の先が気になって仕方がない。しかしいくら何でも笑うことはないでしょ、失礼な!

帰った後、フト見ると、なんと名札が裏返っている。あ!

……恥ずかしながら私は堂本光一くんの大ファン。裏には彼のシールが貼ってあった。なんだ、これを見てたのか……。

オバサンがアイドルの写真を貼ってあるのを見ておかしかったのか? いいじゃない、私の勝手でしょ。やっぱり失礼な人だ。

再会　○月×日

二十代前半の男性が、レジで精算を済ませ、お弁当が温まるのを待っていた。

そこへ店のドアがパッと開いて、同年代の男性が入って来た。

双方が顔を見るなり、

「おぉっ!?」と奇声を発したかと思えば、

「お前、上原か!?」

「藤本か!?」

「うわぁ、久し振りやなぁ!」

どうやら感動の再会のようだ。

「お前、今どうしてるんや?」

「仕事してるよ」

「でもお前その頭どうしたん!?」

「そっちこそ何や!?」

一人は金髪、もう一人は坊主頭と両極端の二人である。

「すごいな……、こんなとこで会うとは思わんかったわ」

〝こんなとこ〟で悪かったね。

「お待たせしました」と私が会話に割り込んでお弁当を渡すと、店の奥へ移動して延々と話し始めた。

久し振りの再会。話が尽きないのは分かるけど、せっかく温めたお弁当がすっかり冷めてしまうのを、ひとり気にする私であった。

お使い　○月×日

ズボンの後ポケットに手を突っ込んで、モゾモゾやってた男性が、意を決したよ
うすでレジまでやって来た。

そしていきなり私にお尻を向けて、

「悪いけど、ポケットから財布を取ってくれるか？」

え？　う〜ん、確かにぎゅうぎゅうに入っている。これは手ごわい。

ポケットが破れそうなほど思い切り引っ張ったら何とか出てきた。

「すまんなぁ」

そう言って財布の中からメモを取り出し、

「えっと……、ヤクルトあるか？」

「今は置いてないんですけど」

「そうか……」

そう言うと残念そうに出て行った……、財布をポケットにしまいながら……。

あぁ、せっかく出したのに……。また次の店で苦労するよ。

女性客編

あつかましい人々　○月×日

世の中にはあつかましい人達がいるものだ。
今朝も、手に陶器のマグカップを持った三十歳前後の女性が店へ入って来た。
え？　何？
と見てたら、すーっとポットの前へ行き、カップにお湯を入れて出て行った。
ひと言もしゃべらず堂々として……。
啞然としてしまった。
先日も若い女性がお弁当を買った。それを温めていたら、「これも温めて下さい」
とカバンの中から別の店のお弁当を出した……！
お湯くらいあげてもいい、温めてあげてもいいけど何かオカシイ……。
礼儀というか遠慮というか、あまりにも平然としていて……。
私には到底そんな真似は出来ない。
これからは、こういう人達が増えていくんだろうか……？

そそっかしい人　○月×日

いやぁ今日は驚いた。

お昼に千円札を出して、百五十五円の買い物をした女性に、レシートと八百四十五円のお釣りを渡したら、レシート入れの箱にお釣りの八百四十五円をジャラジャラッと入れて、レシートだけ持って出て行こうとした。

おいおいっ！　逆だろうが……！

「お客さん！」とあわてて呼びとめたら、

何ですか？　と全く平然とした顔で戻って来た。

が、事情が分かった途端、まっ赤な顔に……。

そりゃ恥ずかしいわ……。

私もこんな人は初めて見た。

でもまぁ……、間違って募金箱に入れるよりは良かったかな……？

化粧室　○月×日

今日オバサンに、

「化粧室を貸して下さい」と言われた。

「はっ!?」一瞬耳を疑った。

ここはコンビニだぞ〜。

「そんなものはありません。ウチの店にあるのは、ただのトイレです」と、言いたいのをこらえて、

「あのドアの奥にあります」と答えた。

でもそのオバサン、どっから見ても「化粧室」って柄じゃない。

無理して丁寧な言い方しないでよー。

繰り返し　○月×日

いったん買い物を終えた後で、店を出るまでに買い忘れを思い出し、もう一度買い物をする人がいる。

特に年輩の女性に多い。

たまにそれを二度も三度も繰り返す人がいる。

今日来たオバサンも、最初に電気代の支払いをして、高いだのナンのとぼやいていたかと思えばその後、

「あ～忘れてた」を三回繰り返した。

「ごめんね～、何回もヤヤこしくて……」

「イイエ」

こっちは別にどうって事はない。

こんがらがっているのは、アナタの頭の中だけだから……。

お仲間　○月×日

朝、スポーツ新聞の棚の前にしゃがみ込んで、遠慮がちにページをめくっている女性。お！　この女性は私が以前から、きっとキンキ・キッズのファンだとにらんでいた女性だ。年は私とどっこいどっこいか……。

ちょくちょく店へやって来ては、TV雑誌等でもキンキの表紙だとか記事が載っている時によく買って行くのを、私はしっかりチェックしていた。

「何かの記事をお探しですか?」

「あの……Jフレンズの……」

やっぱり！　今朝TVでやってたもんね。思い切って、

「キンキのファンですよね?」と尋ねたら、

「え!?　どうしてキンキって分かるんですか?」

「いや、以前から見てて……。私もファンなもので……」

「そうですか～。いや～嬉しいわ。お友達ですね～」

もっと早くに声をかければよかった。これから、ちょっと楽しみ。

シナモンロール　○月×日

ウチの店で売っているパンで、私が今一番のお気に入りはシナモンロールパン。少し温めると、ふんわ～り柔らかくなり、シナモンの香りもアップして本当においしい。

今日のお昼、このパンを買った女性に「温めますか？」と尋ねたら「いいえ」と答えが返ってきた。

「えーっ?!　温めないのぉ!?」と私の心の声が叫んでいた。

普通は、いちいちパンを温めるかとは尋ねないものだが、このパンだけは別だ。ちょうどお昼時で、すぐに食べるに決まっていると確信して聞いたのに。

店が混雑していたのでそれ以上は何も言わなかったが、本当なら「温めて食べた方が絶対おいしいですよ！　袋にも、電子レンジで温めますとさらにおいしく召し上がれます、と書いてあります！」と力説したいところだった。

人がどうやって食べようと食べる人の勝手だし、まったく余計なお世話だと思いながらも、この次また買ったら、ひと言、言ってあげようと私は、心に決めている。

男？　女？　○月×日

ウチの店のレジスターは、お金を受け取った後で最後に、そのお客さんが男か女か、何歳くらいかを打ち込むキーがある。

例えば「三十—四十九女性」は三、四十代の女性。「五十—男性」は五十歳以上の男性。

年代別・男女別の買い物の統計を取るためだが、押し間違える事も多いから、あまりアテにはならない。

今日来た人は、男か女かの判断に迷った。

身体はスリムでグリーン系のブルゾンにGパン、そして野球帽！　もちろん素っぴん。

ただ顔立ちは……？　う〜ん、どっち？

「男」でいいか、とキーを打ったら、お釣りを受け取って「ありがとう」の声が高い。あ、何だ女性か……。紛らわしい。

ハッキリせーっ！

コンビニのかご　○月×日

私がよそのコンビニへ行って最初からかごを手に取る時は、結構沢山買うぞ！と気合が入っている時だ。まぁ気合とまでいかなくても、二、三個だけ買うつもりなら、まず最初からかごは持たない。

それが、店へ入るとまず必ずかごを取り、買い物をする女の人がいる。

それも決まって買うのは一つ。か、たまーに多くて二つ。おにぎり一個だったり、デザート一個だったり……。

二つ以上買ったためしがないんだから、はっきり言ってかごは必要ないだろうと私は思うのだが……。

レジでかごを受け取りパッと中を覗いて、一つしか入ってなかったら正直なところガクッとする。

同じ商品一個でもそのまま（かごに入れずに）出してくれると何とも思わないから不思議なものだ。癖の問題か……。

あなたはどうしていますか？

イメージ　〇月×日

綺麗な人だと思っていた、最近お昼に時々やって来る二十代前半の女性。いつもミニ・スカートのスーツを着て、おしゃれなバッグを持っている。スタイルもいい。まさに理想のOL像。

その女性が喋るのを今日初めて聞いた。いや、聞いてしまった……。

「（おでんの）〝しらたき〟一つ下さい」

ガーン！　甘ったるい舌足らずの声。

しかも、おでん一つ!?

私のイメージがくずれていく……。

あー、黙っていれば良かったのに。

消えたおにぎり　○月×日

おばあさんがおにぎりを二個買って一万円札を出した。そして、お釣りを財布にしまうのに手間取っていたので、少し目を離したら、おにぎりを置いたまま帰ってしまっていた。

こういう事はちょくちょくある。

どうせ、すぐに取りに戻って来るでしょう……と、しばらくそのままカウンターの上に置いておいたら、次に見た時はなくなっていた。

ん？

おばあさんが黙って持って行ったのかな？　と思っていたら、少ししてから取りに戻って来た。

えーっ!?

それじゃ、さっきのおにぎりは誰かに盗られた……!?

うっそぉー。いやな感じ。

つまらん事をする人がいるもんだ。

とんでもない客　○月×日

バックルームで仕事をしていたら、突然女性のお客さんがパッと顔を出して、

「おトイレはどこですか?」と聞く。

「あ、あっちです」

と答えたものの、非常に驚いた。

この女性は、レジのあるカウンターを横切って、バックルームへ入って来たのだから……。

ウチの店は確かにトイレの場所が分かりにくく、よく尋ねられるのが難点ではあるのだが、私が奥にいる時は、もう一人の店員が店に出ている。

まず店員を捜すのが常識でしょう。

いきなり、しかもカウンターを横切って顔を出すなんて信じられない。

よっぽどあせっていたのだろうか?

交換　○月×日

お釣りに返した千円札が汚いと言うオバサン。
換えて！　と言うから交換したが、
「これも汚いわ」
そうかなぁ～？　文句が多い人だ。
たまたま次に新札が入っていたので、それと換えてあげたら満足して帰って行った。
しかし、そのオバサンの財布ときたら、かなり使い古して薄汚れていた。
あれじゃせっかくの新札が泣いてるよ～。

コンビニに疎い人々　○月×日

店へやって来たおばあさん。
開口一番、「だしじゃこある？」と聞く。
おいおい、コンビニを何と心得る？
そんなものある訳ないでしょ。ペットフードの煮干ならあるけどね……。
そうかと思えば爪切りを買って、
「こんなものまで置いてあるんですね～」と感激してたオバサン。
爪切りはあるでしょ、フツウ。
まだまだコンビニを知らない人達がいるもんだ。

尋ね人　十二月×日

レジで接客中の私を、少し離れた場所から見つめる年輩の女性。

道を聞きたいのかな？

それともコピーの取り方を教えてほしい？

ん？　何か紙を持ってるなァ……。

接客が終わると、サッとレジへ寄って来て、

「最近こういう子が来ませんでしたか？」

そうきたか……

これは予想外。

「う〜む、私はちょっと分かりませんねぇ……。店員は何人も入れ替わりますが……」

これと言って特徴のない若い子の写真。

可愛い子のチェックなら自信があるが。

「子供なんですけど、家へ戻らなくて捜しています」

例えば、この寒い時期にアイスクリーム二十個買った子とか言われれば覚えてい

るかも知れないが、残念ながら今回は記憶にない。

事情は分からないけれど、近辺を全部あたっているなら大変な作業だろう。早く見つかる事を祈っています。

親子客編

子連れ　○月×日

二、三歳の女の子を連れて店へ入って来たお母さん。すぐにレジへやって来て、
「おトイレお借り出来ますか？」

「どうぞ」と場所を教えたら、

「ここで待っててね！」と子供に言い、自分一人でトイレへ。

あらま、珍しい。てっきり子供がトイレかと思ったが。

その間子供は、お菓子をいくつも選んではカゴの中へ。またそのカゴを持つ手つきも慣れたもの。

小さいのにしっかりしてるよ。

だからお母さんも安心して一人でトイレへ行けるんだ、納得なっとく。

ムチより飴　○月×日

小さい子供を三人連れて若いお母さんが店へ入って来た。

一番小さい女の子が、入って来た時から、

「食べたい、食べたい～！」を連発。

そんなに泣いてまで、いったい何が食べたいんだか興味も湧くが、とにかく大きな声でウルサイのなんの……。

自分の子供なら一喝するか平手が飛ぶところだ、とあきれて見ていたら、その子がナント正面の棚に並んでいるガムを幾つか摑んで投げ捨てた。

コラッ！　と私より先に？　母親が叱ったが、いっこうに効果もない。

結局、買い物が済むまで延々と泣きわめいて出て行った。甘やかすのは良くないが、この際、よその子の躾なんて構っていられない。

何でもいいからウチの店で買ってやって、とにかく静かにさせてほしかったヨ。

売れ残り？　○月×日

四、五歳の女の子がお母さんと肉まんのケースの前で相談していた。
お母さんがレジの前まで来て、

「肉まん二つ下さい」

娘の方は、ケースの前で、

「肉まん、肉まん～♪」と楽しそうに小躍りしている。

可愛いものだと思っていたら、

「お母さん、肉まんあんまり売れてないヨー」

カッチーン!!

違うって。確かにピザまんやカレーまんと比べると肉まんが一番沢山入っているけど、これは一番よく売れるから沢山作ってあるのだ……なんて子供にムキになって説明しても仕方ないしなぁ……。

しかし最近の子は、ませてるよねぇ～。

パンあれこれ　○月×日

お客さんの中に、いつもパンをペチャンコにしてレジまで持って来る男性がいる。「○○○フランス」系の長細いパンを片手に三個ほど握り、もう一方には決まって飲み物を持つ。これではパンがかわいそうだ。

そこまでしっかり握らなくてもいいのに……。

まぁ食べる本人が何とも思ってないようだから、わざわざこっちが気にする事もないけど……。

そうかと思えば今日、お母さんと一緒に来た男の子はパンを大事そうにかかえてレジへ持って来た。小さい子には少し不似合いな高級つぶあんパン。

袋に入れようとしたら、

「ダメッ！」

小さい子で、お菓子にシールを貼るのはよくあるが、あんパンにシールを貼るのは珍しい。その子がまた本当にまん丸いポッチャリ顔の男の子だったのが微笑ましかった。おいしそうに共食い？　する姿が目に浮かぶヨ。

品質保持期限　○月×日

小学校低学年の男の子が、一リットル紙パックの牛乳を買いに来た。

お母さんに頼まれてお使いで来たのだろうが、レジへ持って来たのは品質保持期限が今日までの牛乳。

ウチの店では、その日が期限の牛乳は半額に値下げして売っている（ウチは直営店ではないので、こういう点はオーナーの意向による）。

得といえば得だし、ウチの店としても売れ残るより助かるが、この子にはそんな事は分かるはずもない……。

帰ってからの親子の会話が気になるが……。

それとも（半額の）シールを貼った牛乳があればそれでもいいと言われて買いに来ているのだろうか……。

子供に買い物を頼む時は、日付けを見るよう説明をしておいてほしいものだが、小さい子には難しいかなぁ……。

タイマー　〇月×日

最近、ポテトやフランクフルト等を揚げる機械のタイマーの調子が悪い。

本来は時間と温度をセットして、後は待つだけ……のはずが、たまに時間が過ぎても揚がって来ない時があり、別のタイマーをもう一つセットしている。

たいていはそれで大丈夫だが、たまに他の用事をしていてつい忘れた時に限って揚がり過ぎてしまう事がある。

夕方、ポテトを揚げた時も、ついうっかり忘れていて慌てて見た時は少しこんがりとしていた……。

う～ん、どうしよう……。

ちょっと味見してみると今のトコロは大丈夫。ただし、いつもよりは幾分早めに下げることにして陳列ケースへ並べておいた。

そのうち親子連れがやって来て、買ってくれたのはいいが、子供はすぐに食べたいと言うのに母親が帰ってからにしなさい、と……。

ダメダメ！　早く食べた方がおいしいよ！

と言う訳にもいかず、思わずこの親子の家が近い事を願ってしまった。
寄り道せずに帰ってよね〜。

㊟ もちろんとっくに修理は終わっています。ご安心を。

つま先で…… ○月×日

金髪に染めた若いお母さんが三、四歳の娘とお菓子を選んでいた。
娘が迷っている様子で、お母さんが横から、
「あれは？　これはどう？」
と、お菓子の棚の下の方を指差し……えっ!?　足!?　つま先で指している!?
おいおい何て行儀だー！
娘もきっと真似するようになるゾー。

ろうそく　○月×日

昨日、娘の友達の男の子がウチの店へろうそくを買いに来た。

今日その子のお母さんが買い物に来たので、ちゃんとお使いをしてエライねと言うと、あのろうそくは息子が実験に使うと言う。

「え？　実験？　自由研究か何かのために？」

「そうじゃなくて、元々科学の本とか買って来て、自分でいろいろ実験するのが好きで……」

へ〜〜っ!?

小四の男の子が自分の部屋で一人で科学の実験!?

しかも、ろうそくを使って……!?

危ないナァ、いろんな意味で……。

母と子の会話　○月×日

レジに並びながら、カウンターに置いてある「遊戯王カード」を見てケンカをしている親子。

「カード買って！」

「だめ！　お母さんは買いません。お父さんに言いなさい！」

「いやだ……。お母さん買って!!」

「だめ！　お父さんに言いなさい」

「ん——、お母さん買ってよ！」

「お母さんは買いません！　お父さんに言いなさい！」

「お母さん買ってよ——っ！」

この後も延々続くのであった……。

番外編

雨やどり　○月×日

ウチの店の前にはバス停があり、軒下で雨やどりして待つ人も、店の中で待つ人もいる。

この「店の中でバス待ち組」は始末が悪い。

雨の日に限らず暑いカンカン照りの日も多いのだが、たいていは雑誌を立ち読みしながら待っていて、バスが見えたら雑誌をパッと放ってバタバタッと走って出る。以前、バスに気づくのが遅くて飛び出して行っても間に合わず、そのバタバタを三回も繰り返したドジな女性がいた。

この手の客は、もちろん何も買わずに出ていくのがほとんど。

でもたまに、ガムや飲み物などちょっとした物を買う人もいる。が、買っている際中にバスが見えたらレジをせかされるので、かえって迷惑だ。バスが行ってしまった時などは「あ～あ～」とこっちの責任のようなうらめしい顔をされる事も。こんな事を言うと、オーナーに叱られそうだが、何も買ってくれなくてもいいから、バスを待つ人はバスに集中するよう忠告したい。

ただし、今日、店の入り口を入ってすぐの場所に立ち、無表情でずーっと外だけを見ている女性がいた。

初めから店の商品には目もくれない。

あそこまで、あからさまにされると、さすがにあまり感じのいいものではない。

適度な気配りと集中力！　コンビニでバスを待つ時はこの二点に気をつけよう。

ぞろ目　○月×日

「七百七十七円になります」と言うと、

「おぉっ！」と嬉しそうな声を出す人がいる。

どうも、平均して日本人はぞろ目が好き、特に「七」に弱いようだ。

今日、四百四十四円の買い物をした人に続いて、五百五十五円の買い物をした人がいた。

ちょっと珍しくて思わず次に期待したが、そうは上手く続かなかった。

またいつか続くことを期待しよう。

ピンからキリまで　〇月×日

以前、公共料金の支払いで、一度に九十万円ほど受け取ったことがある。

むろん一枚ではなく何枚もの合計だし、個人ではなく会社名義のものだったが。

しかし、まさかコンビニでこんな大金を受け取るとは夢にも思わなかったので、正直な話、驚いた。コンビニのカウンターで、そんな大金を数えているのを見たことのある人は少ないと思う。

たまたま応対した私は、何と言っても元銀行員。

たて勘よこ勘、慣れた手つきで颯爽と……と、言いたいところだが、ぶざまにも、少し手が震えてしまったものだった。やっぱ心の準備が必要でしょう。

ところが……、なんと今日電話料金の支払いで一件五円というのがあった。

金額を見て一瞬、目を疑った。この「五円」を請求するために、郵送代やらコストがどんなにかかっている事か……。

〇〇円以下の時は、まとめて請求……とか決めておけばいいのに……。

携帯　○月×日

携帯で話しながら買い物をする人がいる。

何か買い物を頼まれた人に電話して、例えばおにぎりの棚の前で「『うめ』はないよ。『さけ』と『かつお』ならあるけど、どっちにする？」などと相談している人。

ただ喋っているだけの人。この、ただただ喋っている人は、あまり感じのイイものではない。

そのままダラダラとレジで支払いをする間も延々話が続く場合が多いから……。

そういう時、私はどうするか？

その日の気分や相手にもよるから、毎回という訳ではないが、

まず「○○円になります」と大きな声で言ってやる。

すると「え？　うん、今コンビニで買い物中」

そこで初めて電話の相手が、コンビニで買い物をしている最中だと気づく場合もある。

その後は必要以上に話しかける。電話よりこちらに集中しろよ、と言わんばかり

に……。

お客が千円札を出したら、「千円でよろしいですか？　端数はイイですか？」と大きな声で。

片手が携帯でふさがっていると、札だけ出して端数の小銭まで出す人は少ない。そうすると今度は、商品とお釣りを受け取ってからが大変。そこで結局、会話が少し途切れる事になる。

それでも実にシツコク携帯を頬と肩に挟んで話している人もいるけど……。

とにかく、支払いの時ぐらいは、一度電話を切った方がイイんじゃないかと思うのだが……。

濡れたお札　○月×日

年を取ると、肌が乾燥して油分がなくなり、粘着力がなくなってしまうのだろうか。

財布からお札を取り出す時に、自分の指を何度もペロペロなめる人がお年寄りに実に多い。

受け取るこっちは……どの辺をなめてたっけ〜？　と、指の持っていき場に細心の注意を払うことになる。

夏場、全身汗まみれの作業服のポケットから、湿ったお札を取り出されるのもイヤだ。

とりあえず受け取った後、しばらく別にして乾かすが、乾いた後も汗臭いのがにおってきそうに思えて仕方がない。

どちらにしても、受け取る側の気持ちを少しは考えてほしいものだ。

有害図書　○月×日

青少年なんとかセンターの男性が二人、店の雑誌をチェックしにやって来た。

以前から、人は変わるが定期的にやって来る。

たいていは見終わったらすぐに帰るのだが、今日の人は、一冊『漫画○○○』という雑誌をわざわざカウンターまで持って来た。

何を言うのかと思えば、

「条例により、二十ページ以上『モロに描いてあるページ』（ホントにこうおっしゃった）があると、有害図書という事になりますが、この本には二十八ページもそういうページがありました！　従って大人に売るのは構いませんが、明らかに中高生と分かる子達には絶対に売らないで下さい」と言った後、カウンターの上でご丁寧に「ここと、ここと……」と、ページをめくって私に見せてくれるのである。

そんな『モロに描いてあるページ』を私に見せられても困る。二十八ページ!!と言い切るからには全ページ隅から隅まで見たのだろう、か？　どんな顔で……？

いろんなお仕事があるものだ。ご苦労様。

新旧交代　一月×日

コピーを取っている人が、小銭が足りなくなって千円札等をレジへ両替しに来る事がある。

ウチのコピー機は新五百円玉が未だに使えない。従って旧の五百円玉を探して渡すのだが、最近この旧五百円玉が激減。

すっかり形勢逆転。

探すのに時間がかかるようになって来た。

もういくら何でも新五百円玉を使えるように改修して貰わなきゃ、時代に取り残されてしまう。

それに比べて二千円札。

ごくまれにお客さんが出したら未だに一瞬ビクッとする。

こちらは自然消滅の日も近い？

お年玉で少しは活躍出来たんだろうか……？

使っていいの？　○月×日

朝、出勤してレジの中を見たら、ピカピカの五円玉に紅白のひもを結んだ福銭が入っている。イヤだ……、こんなお金で支払った人がいる！

フツウは大事に財布などにしまっておくべきものだろうに……。

まさかこのままお釣りに使う訳にもいかないし、銀行へ入金もできない。

誰がひもをはずすんだ!?　なんかイヤだよなぁ……、縁起ものだし。

たまに、オリンピックなどの記念硬貨で支払う人もいる。

「え!?　いいんですか？」

「はい」

ずいぶん、あっさりしている。

福銭も記念硬貨も、持つ人によっては全く価値のないものなんだ。

お見舞い　○月×日

娘のクラスメートで、いつも下校後にウチのコンビニへ「遊戯王カード」を買いに来る男の子が、交通事故で入院した。

病院の近くまで出かける用事があったので、娘と一緒にちょっと覗いてみることにした。

せっかくだから、少しカードをお見舞いに買って行ってあげようと思ったが、どれを選べばいいか全く分からない。

いつも子供達は、何やら袋の裏側を一生懸命に見て、いいカードが入ってそうなのを選んでいる。

そこで下校後に子供達が来るのを待って、見てもらうことにした。

「これがいい！　絶対!!」

「ボクはこれがイイと思うけど……」

だいたい、本来なら外から見て分かるはずがないと思うのだが、子供達は勝手に何か基準を作って選んでいるんだろう。

子供によってアレだコレだと違う事を言う。

結局、三人の子にそれぞれ選んでもらったのを買って持って行った。

気に入るのが入っていたかどうかは分からないが、渡すとすぐにパッと目が輝いた。

いつも子供達が買って行くのを見ては、こんなカードに沢山お小遣いをつぎ込んでもったいないと思っていたが、今の子達にとっては、何よりのプレゼントかもしれない。

今日ほど、このカードに値打ちを感じたのは初めて……。

一日も早く治って、また元気に買いに来てよね。

バックルーム編

ホットドッグ　○月×日

今週の新商品のホットドッグ。

温めなくていいと言われるとホッとする。

この新商品、実はクセモノである。

店の高速レンジで温める時、時間を少し長くしても、上にかかっているチーズがなかなか溶けない。

そのくせパンはアツアツで、手に持つと熱くて落としそうになる。

かといって、あまり温めないで袋に入れようとしたら、お客さんに「もうちょっと温めて下さい。まだチーズが元の形のままで溶けてない」と細かく指摘された。

くぅぅ……。

もう少し溶けやすいチーズを使ってほしいものだ。

コンビニの千円弁当　○月×日

オーナーの私用で発注したお弁当。本当は昨日必要だったのが、手違いで今日になって届いた（もちろん賞味期限は明日で古いものが届いたという訳ではない）。

オーナーに連絡すると、今日届いてももう自分は必要ないから、店に並べておいてくれと言う。

一つ千円。売れるか!?

夜ならまだ可能性があるかもしれないが、昼食にコンビニで千円のお弁当は普通は買わないだろう……。

しかし！　なんと中年の男性が一つ買って行った！

値段を見てなかったのか？　臨時の収入でもあったのか？

いろいろ憶測しながら丁寧に袋に入れた。

どっちにしても全部売れるとは思えないとの事で、私達店員も今日のお昼はこのお弁当を頂いた。うん、確かにおいしい。

たまに、こうやって手違いがあるのも嬉しいものだ。

道案内

四月×日

今日はいつも一緒の先輩がお休みで、大学生のバイトの女の子と二人だった。

私は地元の人間じゃないし、バイトの女の子も車に乗らないし……。

という訳で二人共、道案内は大の苦手。

それが！

「今日に限ってどうして〜!?」と叫びたくなるほど道を尋ねられた。

お天気も良くお花見もそろそろクライマックス。

人々が出歩きたくなるのも分かるけど、出かける前にはキチンと場所をチェックしてから出かけましょう！

それでも道が分からない時は交番で聞くこと！

コンビニの店員にはアテにならない人間もいるからね。

両替　○月×日

店の釣り銭用に小銭を両替するため、銀行へ行った。窓口ではなく機械。硬貨を五十枚単位で何本も替えるのだが、ボタンを押し間違えて、五十円玉を百枚も余分に替えてしまった！

ありゃりゃー。

本当に欲しかったのは十円玉……。

銀行の混み具合からみて、もう一度その間違えた硬貨を窓口へ出して替えている時間はない。仕方なく自分の財布から五千円出して、機械で十円玉に替えて店へ戻った。

同僚の人に、五十円玉を多く替えてしまった、と言えばいいのに、どうも素直に言えない。

こんなところで、変に元銀行員としてのプライドが顔を出す……。

うー―む、仕方ない。

今月の息子のお小遣いは全部五十円玉にするか……。

バイトの鑑《かがみ》　十月×日

今朝出勤したら、バックルームのロッカーにメモが貼ってある。

連絡したい事（特にオーナー宛）がある時は私達はよくこの手を使う。

何かな？　と読んでみると、

……今日中に検便を持って来ます。

コンビニに限らず、食料品を扱う店では検便が義務づけられているようだが、これは意外と大変な作業だ。特に私のように便秘症の人間にとっては一大イベントである。今回、このイベントは私の中ではとっくに終わった事だったが、まだ出してない子がいたんだ……。

しかしわざわざメモまで書いて、今頃頑張っているのか……と感心していたら、予告通り昼からそれだけのために店へやって来た。大事そうに持って。

しかし……。私が出したのはいつだったっけ？　もう干からびてるかも……。

バツの悪い日　○月×日

最近、店の商品の「棚卸」でずいぶんと誤差があり、店全体が悪い雰囲気。

万引きどころか、内部不正まで疑われる始末。

そこで急に店員にも規定の徹底をうるさく呼びかけ始めた。

「手ぶら」で出勤のこと、と規定にあったが、実際には小さいバッグを持って行っていたのだが、今回もっと小さいバッグに替えた。

どうしても全くの「手ぶら」というわけにはいかない。

今日、本部の人が来て、カリカリと棚をチェックしている時、滅多に来ない私の友達が旅行のお土産を持って来てくれた……。

そういえば「知人等の訪問を受けない」という規定もあったな、と思いながら友達と少し喋って、大きな紙袋のお土産を受け取った時も本部の人が側にいて……。

おまけに、いつも私が帰る時には、まだ店へ来ていないはずのオーナーまで、こんな日に限って早く来た。

私が大きな紙袋を持って帰る時、フッとオーナーの視線が……。

あぁー、やだやだ！

言っときますが、私は不正はしておりません！

信じてもらってるとは思うけど、今の雰囲気は最悪！

もし犯人がいるなら早く名乗り出なさいっ！

……って無理な話か……。

ゾンビ　○月×日

今日一人でレジをしている時、それまで店内にバラバラといたお客さん達が、偶然だろうが、一斉にレジへ商品を持って集まって来た。

その様子がまるで映画「ゾンビ」のワンシーン！

おぉ、こわ……。

思わず一歩あとずさりしてしまった。

優しい母親　八月×日

夏休み中、たまに娘が店へ顔を出す。

家に一人でいる時は退屈でやって来たり、お兄ちゃんがいる時は買い物を頼まれたり……。

もちろん私がいるから来るのだが、突然ひょっこり顔を出すと、つい嬉しく思ってしまう。

そして、ついつい、何か欲しい物はないか？

ジュースは？

お菓子は？

アイスクリームは？　と聞いてしまう。

家にいる時より、店で仕事中の方が、お母さんは優しいと子供もよく分かっている事だろう。

世の母親（父親）は、職場へ子供が顔を出したらどんな反応をするのだろうか？

甘いのは私だけではないと思うのだが……。

レジスター　○月×日

ウチの店もオープンしてからもう十年。

あちこちガタが来て、機械も順番に故障していく。レジスターの液晶画面も、以前は手前に起こしたり倒したりできたのに、最近は元の位置に倒せなくなった。

後方から日が差し込むと反射して見難《みにく》くて、最近はいちいち身体を反らせて見ていた。

今日ようやく修理の人が来てくれて、手を真っ黒にして時間をかけて修理してくれた。

「もうこれで大丈夫ですよ。ほら……こうやって手前に起こして……、そして、次に……こうやると元に……、え？　あ……、元に戻らない……ですねぇ……？　おかしいなぁ～？」

おいおい、大丈夫かぁ？　何か頼りないなぁ～。

結局、また倍ほど時間をかけて何とか修理して帰ったが、どうも不安だ。

もうしばらく、液晶画面は触らないようにしようっと。

昼寝　○月×日

あー、またやってしまった!!

仕事の間に、一時間の休憩がある。休憩を取るバックルームにはソファがあるが、事務机とイスもあり、たいていそこに座る。

まず食事。

その後、店の雑誌を読む事が多いのだが、読んでいるとついつい眠くなる。

そこで携帯の目覚ましをセットして、十〜二十分居眠りをする。

この時間が、店にいる中で一番ささやかな幸せを感じる時間だ。

今日も机の上で、腕枕でうたた寝して起きたら、私服のセーターの編み目が顔にクッキリ!　顔に線路が走っている!

「あー……」

ユニフォームの長袖を少し折り曲げてあったため、私服の袖がはみ出していたのだ。

前にもジャンパーを枕に寝て、そのジャンパーの模様が顔に付いた事がある。

年齢と共に、肌に弾力がなくなったのか、すぐには消えてくれない。

休憩の後、店へ出るのがどんなに恥ずかしい事か……。暫くは、うつむいたままでいるので、ずい分陰気な店員だと思われることだろう。

これからは気をつけなきゃね。

タオルの大きさ　十二月×日

田代まさしが、またも「のぞきの現行犯」で逮捕された。

しかもお風呂に入っていたのは男性！

その覗かれた男性がタオル一枚を腰に巻いた姿で追いかけて捕まえたらしいが、よくそのタオルが落ちなかったものだ。

だいたいタオルといっても、バスタオルかフェイスタオルかどっちだったのか、なんて話で今日の仕事中、大いに盛り上がってしまった。

こんな時にコンビニはいい。

スポーツ新聞を見ると、バスタオルと書いてあり、ちょっと安心？

バスタオルなら、格闘しても見える事はない!?

年賀ハガキ　十二月二十六日

今頃になって年賀ハガキを探している人が多い。郵便局も売り切れ続出らしい。

ウチの店は売れる出足が遅かったので、先週までに買いに来た人に、

「何枚くらい（在庫が）ありますか？」と聞かれて、

「山ほどある」とも言いづらくて、

「何枚くらい必要ですか？」と逆にこちらから聞きなおして、

「○○枚ならあります」と、ちょっと見栄を張っていた？　ほどだったのに、週末に全部売れてしまった。

今日もかなりの人に尋ねられたが、気の毒だがないものはどうしようもない。

あ〜、やっぱりないかとガックリ肩を落として帰る人を大勢見送った。

我が家は大丈夫。な、はずだが何だか不安になって来る。自分の店で売っていたのに、お正月目前にしてハガキが足りない、なんて事になったらカッコ悪くて人に言えない。出すのは少々遅くなっても、とにかく枚数だけは早い時期に、少し多めに、チェックしておくべきだと実感した。

嬉しい特典　○月×日

コンビニで仕事をしていると、お気に入りのタレントさんがCMしている商品のポスターなどを貰える事がある。

今朝出勤したらチョコレートのCMのポップが置いてあった。

ポップというのは、フツウのポスターではなく棚の上などに載せて立てかける、ダンボール仕立てのもの。

やった、これは嬉しい！

キンキ・キッズの二人が浴衣を着て並んでいる。展開期間が過ぎれば頂きましょうとニンマリしてたら、バイトの男の子が「ウチのお母さんは剛くんのファンだ」と言う。

えーっ!?　ということは半分に切るの？

立たなくなっちゃうよ、何だか値打ち半減……。

仕方ないなぁ。しかし親孝行な子だねぇ……。

昼食　○月×日

いつも昼前になると、今日の昼は何を食べようかなと考える。

わざわざ外へ買いに行かなくてイイのは、コンビニ店員の特典である。

しかも賞味期限が切れたばかりのサンドイッチやお弁当類は、裏の冷蔵庫へいったん保存してあり、店員が食べたければ食べてイイ事になっている（それが認められていない店もあるかもしれないが……）。

ただこの期限切れ、つまり平たく言うと売れ残りは、沢山ある時も、全くない時もある。

ごくまれに私もお弁当を持って行く事があるが、そんな時に限って、沢山売れ残りがあったりするものだから、ついお弁当を持って行く気が失せてしまう。

しかし、その売れ残りの中に、食べたい物がない時などは、店内をグルッと一周しながら悩むことになる。

そんな時、お客さんがレジへ持って来る食べ物は大いに参考になる。

お客さんが、カレーを選んで持って来たら……あぁカレーもいいなぁ……と、匂いに釣られてしまう。

また、お好み焼きや焼きそばを温めたら、ソースの匂いにも食指が動く。

組み合わせも参考になる。

サンドイッチとカップラーメン、お寿司とコロッケ……。どっちも捨てがたいなぁと。

何を食べるかが決まったところで、大急ぎで売り場へ見に行ったら、もう売り切れていてガッカリする時もあるが……。

とにかく毎度毎度、幸せな悩みと闘うお昼時である。

物騒な世の中　○月×日

昨日、近くのコンビニに強盗が入ったと聞き驚いていたら、今日は朝から駅前の金融会社も襲われたらしい。本部から、続いてオーナーからも連絡が入り、犯人が逃走中だから、気をつけるようにと言って来た。

……が、いったいどうやって気をつけろって言うの!?

ドアが開くたびドキドキするし、顔見知り以外は全員が怪しく見えてくる。

店にはセコムへ直通の通報ボタンも、追跡用のカラーボールもあるが、どちらも強盗が入ってすぐには役に立ちそうにない。

特にカラーボールなんて、あわてていたら、とんでもない方向へ投げてしまいそうだ。

友人知人に電話をかけまくって「さくら」に来てもらおうか……？

こんなに混雑した店はダメだとあきらめてくれるかも？

でも毎日は無理だし……。

とにかくウチの店へは絶対に来ないでーっ!!　と願うばかりだ。

どっちもどっち　○月×日

去年、ウチの店からそう遠くない所にライバル店がオープンした。

本部のおエライさんが来ては何かと比較してうるさい。

同じ国道沿いでも向こうは駐車場がかなり広く、それもちょうど信号のある交差点の角にあり、車も出入りしやすい。

従って売れ行きもいいらしい。

先日、一度偵察？　に行ってみたら結構年輩のオバサンがレジをしていた。

「よし!!　勝った！」

何の勝負だか……。

とにかく私の方が軽く十歳は若いだろう。

しかし……、しょせんは五十歩百歩。

どっちにしてもお客さんはうれしくないだろうなぁ……。

あとがき

いかがでしたか？　ここに書いた事は全てノンフィクションです。

常識のある皆さんにとっては信じられないような出来事もあったのでは？

しかし、こうして突拍子もない事をしたり言ったりして下さるお客さんのおかげで、私も日記が書けるというものです。

日記を書く以前は、イヤなお客さんが来た後は、ブルーになって落ち込んだり腹が立ったりしたものでしたが、今は「よし！　日記に書いてやる！」と貴重なネタを提供してもらってありがたい、と気持ちを切り替える事が出来るようになりました。

おっと、勘違いしないで下さいネ。私は決して毎日ネタを探して、お客さんばっかり見ている訳じゃありませんよ。しっかりお仕事していますので、念のため。

さて、明日はどんなお客さんがやって来るでしょうか……？

著者プロフィール

かこ

コンビニでパート中の女性。
関西在住で、小学生と高校生の子供二人あり。
2000年秋より、自分のホームページで、毎日ほそぼそと日記を書き続けている。

ただ今コンビニ・パート中

2002年7月15日　初版第1刷発行

著　者　かこ
発行者　瓜谷 綱延
発行所　株式会社 文芸社
〒160-0022　東京都新宿区新宿1-10-1
電話 03-5369-3060（編集）
03-5369-2299（販売）
振替 00190-8-728265

印刷所　株式会社 フクイン

ISBN4-8355-4257-6 C0095